ISABELLE

l'Encyclopédie des Prénoms

Isabelle

en Bandes Dessinées

Textes
Gégé • Bélom
Dessins
Dominique Mainguy
Couleurs
Jacqueline Guénard

VENTS D'OUEST

Illustration de couverture : David Amorim

31-33, rue Ernest-Renan
92130 Issy-Les-Moulineaux
www.ventsdouest.com

Dépôt légal : mai 2005
Achevé d'imprimer en France en mai 2005
par Pollina s.a. - n° L96688B2

Isabelle

l'Origine

Isabella, sœur de saint Louis

MÊME S'IL EXISTE UNE SAINTE ISABELLE DE FRANCE, L'ORIGINE DU PRÉNOM REMONTE À L'AN 1224, AVEC LA NAISSANCE D'ISABELLA, SŒUR DE SAINT LOUIS. FILLE DE LOUIS VIII ET BLANCHE DE CASTILLE, ELLE VIT SON CÉLÈBRE FRÈRE PARTIR AUX CROISADES ET FIT CE QU'ELLE PUT POUR ENCOURAGER SA QUÊTE...
agence de voyages St LOUIS
LES AFFAIRES COMMENCENT À BAISSER, ISABELLA !
15 JOURS
"LES CROISADES" 1 SEMAINE NOURRI LOGÉ DÉCIMÉ
PROMOTIONS
PRIX CASSÉS
SOLDES LES CROISADES 1WE POUR 1€
BRADÉ
ÉVIDEMMENT ! TOUS LES HOMMES SONT DÉJÀ AUX CROISADES !... MOINS DE CLIENTS, MOINS D'AFFAIRES !
IL VA FALLOIR CHANGER DE CONCEPT !... JE CROIS AVOIR UNE IDÉE... !
PROMO
ICI PROCHAINEMENT "LE CHÂTEAU DU BOIS DES CLARISSES"
RÉSIDENCE PRIVÉE UN CADRE UNIQUE
• STUDIO
• F1
• F2
• F3 AVEC BALCON
• F4 ET F5 EN TOURELLES
• CAVES
• PARKING À CAROSSES
VISITEZ LES APPARTEMENTS TÉMOINS
...LES FEMMES ÉTANT SEULES, ÉCRASÉES DE CHARGES DANS LEUR CHÂTEAU PERSONNEL, CE CONCEPT DEVRAIT LES SÉDUIRE !
ISABELLA, TU ES GÉNIALE !

Isabelle l'Origine

Isabella fondatrice

C'EST SAINT BONAVENTURE QUI CONSEILLA À ISABELLA DE FONDER EN 1252 LE MONASTÈRE DE CLARISSES DE LONGCHAMP. CELLE-CI Y MOURUT EN 1270.
ISABELLA ! LES OUVRIERS ONT STOPPÉ LE CHANTIER DU CHÂTEAU RÉSIDENCE AU NIVEAU DU REZ-DE-CHAUSSÉE !... L'ÉLECTRICIEN N'EST MÊME PAS PASSÉ... C'EST LA CATA !
!
AGENCE St LOUIS BUREAUX
!
... LA BANQUE NOUS A COUPÉ LES VIVRES, MAIS BON ! PAS DE PANIQUE !... ST BONAVENTURE M'A GLISSÉ UNE IDÉE !
FACTURES
AGIOS
TRAITES

ISABELLA TU ES GÉNIALE !
JE SAIS !
ICI PROCHAINEMENT MONASTÈRE DE CLARISSES
. CELLULES T1
. CELLULES T1 bis
SANS EAU, SANS ÉLECTRICITÉ VIE AUSTÈRE GARANTIE !
VISITEZ LA CELLULE TÉMOIN
SANS AUCUN DOUTE, LES ISABELLE ONT AUJOURD'HUI HÉRITÉ DE L'INCROYABLE CAPACITÉ À REBONDIR D'ISABELLA !...

Isabelle son Univers

Son élément • Sa couleur • Son animal

LE TRÈS ANCIEN CONTE GREC QUI SUIT, RAPPORTÉ PAR MOLEBEGEG, TROUBADOUR DE L'ÉPOQUE, REMONTE AU 12ÈME SIÈCLE. IL RELATE DE FAÇON TROUBLANTE LA CRÉATION DE L'UNIVERS DES ISABELLE...
« AH DONC UN TERMITE, À L'ÉPOQUE SOLITAIRE, ALLAIT DE BOIS EN BOIS EN QUÊTE D'ABSOLU...
J'AI UNE DE CES DALLES !...
UN JOUR, CASSANT SES MANDIBULES SUR UN CRISTAL DUR, ELLE Y VIT DANS UN REFLET L'IMAGE D'UN SUPERBE ÉTALON NOIR DONT ELLE TOMBA ÉPERDUMENT AMOUREUSE...
WOUAiiiiE!
CROK
WOUAH ! ICI ! ... LE BOURRIN !
MAIS LA PAUVRE ÉTAIT SI PETITE QUE LE CHEVAL NE LA REMARQUA POINT. ALORS L'INSECTE FONDA UNE ENTREPRISE DE MAÇONNERIE ET EMBAUCHA DES MILLIERS DE CONGÉNÈRES POUR ÉRIGER LA TOUTE PREMIÈRE TERMITIÈRE, À LA HAUTEUR DU FIER ÉTALON...
?!
ALLONS ! DU NERF !
ÉPATÉ PAR TANT DE PERSÉVÉRANCE, LE PUR-SANG NE PUT RÉSISTER, ET TOUT SON ÊTRE FUT ENVAHI PAR LE FEU DE LA PASSION.
T'AS DE BELLES MANDIBULES, TU SAIS !
GRAND FOU !

Isabelle son Univers

Son minéral • Son végétal

MAIS LEURS AMOURS CONTRE NATURE FIRENT SCANDALE ET LES DEUX TOURTEREAUX, POURSUIVIS PAR LES AUTORITÉS, FURENT CONDAMNÉS À ERRER...
MÉCRÉANTS !
ALLEZ HOP ! ON S'ARRACHE ! PLUS VITE !
CH'UIS DÉJÀ AU PLANCHER !
CACHÉS DURANT DES MOIS DANS UN CHAMP DE HAUTS GENÊTS, CE FUT LE MIRACLE : LA ROBE DE L'ÉTALON NOIR Y DEVINT JAUNE CLAIR...
QUOI ! T'AS CHANGÉ DE ROBE !... T'AS FAIT LES SOLDES SANS MOI !...
MAIS NON, MA CHÉRIE !... C'EST LE GENÊT !
... LE COUPLE PUT ALLER ET VENIR SANS PLUS JAMAIS ÊTRE INQUIÉTÉ ! »
ELLE EST PAS BELLE, LA VIE !?
?!
AINSI, COMME LA TOUTE PREMIÈRE TERMITIÈRE, LA COULEUR ISABELLE D'UNE ROBE DE CHEVAL NAQUIT DANS LE SEIN MÊME DE L'UNIVERS DES ISABELLE !

Isabelle
sa Devise

« Voir, percevoir et tout savoir ! »

LES ISABELLE ONT LE DON INNÉ DE SAVOIR LIRE DANS L'ÂME ET LE CŒUR DES AUTRES. INUTILE DE LEUR CACHER QUOI QUE CE SOIT, ELLES CONNAISSENT VOS PENSÉES AVANT MÊME QU'ELLES NE SOIENT VÔTRES !
DEPUIS LE PREMIER JOUR CE SONT TES YEUX QUE J'AI VUS PÉTILLANTS, CROQUANT D'ENVIE LES CHOSES DE LA VIE...
ET MOI TOUT PETIT DE TE VOIR SI GRANDE J'AI COMPRIS QUE C'EST TOI QUI AS TOUT COMPRIS...
PLING PLONG
DEPUIS LE PREMIER JOUR, CE SONT TES YEUX QUE J'AI VUS, PÉTILLANTS, CROQUANT D'ENVIE LES CHOSES DE LA VIE... ET MOI, TOUT PETIT DE TE VOIR SI GRANDE, J'AI COMPRIS QUE C'EST TOI QUI AS TOUT COMPRIS... !!!
!!!
HUMM...
VOUS ÊTES TOUS LES MÊMES ! VOUS NE PENSEZ QU'À ÇA !
!?

Isabelle

son Caractère

Chargée de convictions • Voire révolutionnaire

DE PAR LEUR MINÉRAL, LE CRISTAL, LES ISABELLE ONT LE SOUCI DE CLARTÉ ET DE PURETÉ. CETTE QUÊTE D'ABSOLU PEUT PARFOIS LES CONDUIRE À DEVENIR DE VRAIES RÉVOLUTIONNAIRES...
ALORS, COMMENT ÇA SE PRÉSENTE, CET ACCOUCHEMENT ?
BIEN, DOCTEUR ! CE SERA UNE FILLE... UNE PETITE ISABELLE !
TOUT EST EN ORDRE ! NORMALEMENT, IL N'Y AURA AUCUN PROBLÈME !...
ÇA IRA !... ÇA IRA !
AH ÇA IRA ÇA IRA ÇA IRA...
!?!
!?!
!

Isabelle
son Caractère

Rigoureuse • Organisée • Prévoyante

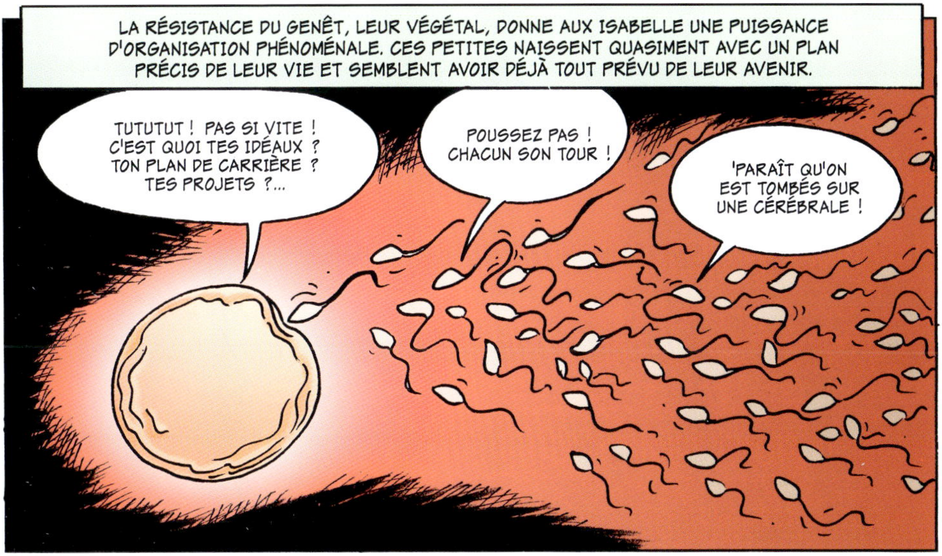

LA RÉSISTANCE DU GENÊT, LEUR VÉGÉTAL, DONNE AUX ISABELLE UNE PUISSANCE D'ORGANISATION PHÉNOMÉNALE. CES PETITES NAISSENT QUASIMENT AVEC UN PLAN PRÉCIS DE LEUR VIE ET SEMBLENT AVOIR DÉJÀ TOUT PRÉVU DE LEUR AVENIR.
TUTUTUT ! PAS SI VITE ! C'EST QUOI TES IDÉAUX ? TON PLAN DE CARRIÈRE ? TES PROJETS ?...
POUSSEZ PAS ! CHACUN SON TOUR !
'PARAÎT QU'ON EST TOMBÉS SUR UNE CÉRÉBRALE !

OÙ VA-T-ON, MADAME ISABELLE ?
À LA BANQUE ! J'AI ENTENDU PARLER D'UN PETIT PLAN DE RETRAITE COMPLÉMENTAIRE À 0,5% PLAFONNÉ À 300 EUROS !

Isabelle son Caractère

Claire • Convaincante • A souvent le dernier mot

LORSQUE LES ISABELLE SONT INTERPELLÉES SUR UN SUJET QUI LES CONCERNE, ELLES LE PRENNENT À CŒUR QUEL QUE SOIT SON IMPORTANCE. LÀ, ELLES SONT CAPABLES DE DÉCONSTRUIRE UN À UN TOUS VOS ARGUMENTS LES PLUS SOLIDES, JUSQU'À VOUS IMPOSER LES LEURS !
BONJOUR MADAME ! VOICI LE TOUT NOUVEAU MODÈLE D'ASPIRATEUR MULTIFONCTIONS !
J'EN AI DÉJÀ UN !
LAISSEZ-MOI ENTRER ! JE VAIS VOUS MONTRER SON « ANTI-ACARIENS » INTÉGRÉ...
LE MIEN EN A DÉJÀ UN !
PEUT-ÊTRE, MAIS CE MODÈLE POSSÈDE UN VARIATEUR À SIX VITESSES !
LE MIEN EN A HUIT !
... ET LE PARFUMEUR AMBIANCE DE SÉRIE !
J'AI !
LE SPÉCIAL DOUBLE MOQUETTE !
J'AI !
LE...
C'EST BOBONNE QUI VA ÊTRE CONTENTE !

son Caractère

Impétueuse • Entière • Explosive

TOUT COMME LEUR ÉLÉMENT LE FEU, LES ISABELLE ONT UN CARACTÈRE ENTIER ET BOUILLONNANT. FACE À UNE SITUATION QU'ELLES JUGENT INJUSTE OU ANORMALE, ELLES PEUVENT ASSEZ FACILEMENT EXPLOSER...
MAIS ENFIN, MADAME, QUE FAITES-VOUS ?...
VOUS N'AVEZ PAS LE DROIT DE...
?
??!
AÏE
ESPÈCE DE BRUTE !
!
PAF!
!?!
PIF
VOUS N'AVEZ PAS HONTE DE FRAPPER MON MARI?...
MAIS ENFIN, CHÉRIE... ARRÊTE !...
C'EST SON BOULOT !
HÉÉÉ !... MAIS...?!
PRENDS ÇA !
?
!?!
PAF PAF

Isabelle

son Caractère

Valeureuse • Forte • Féminine

LES ISABELLE ONT UNE TRÈS GRANDE FORCE DE CARACTÈRE. ELLES SONT PARFAITEMENT CAPABLES DE RIVALISER AVEC LES HOMMES ET DEVENIR DE VÉRITABLES « ROBIN DES BOIS », SANS JAMAIS SE DÉPARTIR DE LEUR FÉMINITÉ !
TCHAC CLANG BLING TCHAC
TCHOC !
AU SUIVANT DE CES MESSIEURS !
TCHAC TCHAC
AH NON, L'AUTRE !!! HÉ ! HO !...
!
ON AVAIT DIT...
CRRR
...PAS LES HABITS !
!
?

Isabelle son Caractère

Indépendante • Volontaire • Non influençable

LES ISABELLE ONT UN CARACTÈRE VOLONTAIRE ET TRÈS INDÉPENDANT. IL EST INUTILE DE TENTER DE LES INFLUENCER OU DE LES DIRIGER, ELLES VONT LÀ OÙ ELLES VEULENT, QUOI QU'IL ARRIVE ! ON N'EST JAMAIS ACTEUR DE LEUR VIE... ON N'EN EST QUE LE TÉMOIN...
DÉMARREZ !
PAS DE BOL ! C'EST UN DES INSPECTEURS LES PLUS VACHES !
AUTO ECOLE
TOURNEZ À LA PROCHAINE À DROITE !
AUTO-ECOLE
JE VOUS AVAIS DIT "À DROITE" !
!!!
JE VAIS OÙ JE VEUX !
AUTO ECOLE
D'ABORD !

Isabelle sa Vitalité

Dynamique • Hyper rapide • Vive

ASSOIFFÉES D'ACTION, LES ISABELLE SE LANCENT À CORPS PERDU DANS LE TOURBILLON DE LA VIE. LEURS PROCHES ONT PARFOIS BIEN DU MAL À LES SUIVRE. ELLES NE SAVENT GUÈRE RESTER EN PLACE...
PHOTOS
APPAREILS PHOTOS
... J'AURAIS SURTOUT BESOIN D'UN DÉCLENCHEUR ULTRARAPIDE QUI SURMULTIPLIE LES PRISES...
AFGA
KadoK
JE VOIS. MONSIEUR VEUT PHOTOGRAPHIER DES BOLIDES, DES ANIMAUX EN PLEINE COURSE, DES TRAJECTOIRES D'OBJETS ULTRA RAPIDES...
EUH... NON NON...
... SEULEMENT MA FEMME ISABELLE !
ENFIN... JE VAIS ESSAYER !
AFGA
KadoK

sa Vitalité

Hyperactive • Survoltée • Attention aux excitants

SURVOLTÉES, SANS CESSE EN MOUVEMENT, LES ISABELLE ONT SOUVENT RECOURS À QUELQUES EXCITANTS POUR TENIR LE CAP. ELLES PEUVENT ALORS PARFOIS AVOIR TENDANCE À EN ABUSER. POUR LEUR SANTÉ, ENCOURAGEZ-LES À LA MODÉRATION...
ZUT DE ZUT ! CET ENGIN EST TOUJOURS VIDE !
MACHINE À CAFÉ
BONG!
MATERIEL MÉDICAL
EL MÉDICAL
PUR ARABICA

Isabelle sa Vitalité

Maître de soi • Sereine si nécessité oblige !

FACE AUX SITUATIONS LES PLUS DÉSESPÉRÉES, LES ISABELLE FONT PREUVE DE BEAUCOUP DE SANG-FROID. LEUR GRAND ESPRIT D'ANALYSE LEUR FAIT CONSERVER UNE PARFAITE MAÎTRISE DE SOI ...
HORS PISTE
!
TIP TIP TIP TIP TIP
ALLÔ LES SECOURS ?... EXCUSEZ-MOI DE VOUS DÉRANGER... JE VAIS SANS DOUTE AVOIR BESOIN DE VOUS DANS QUELQUES MINUTES... JE VOUS RAPPELLE PLUS TARD... À PLUS !

Isabelle

sa Vitalité

Une bonne santé • Une mémoire exceptionnelle

ON DIT DU CRISTAL QU'IL CONTIENT LA MÉMOIRE DE TOUT CE QU'IL A CÔTOYÉ AU TRAVERS DES TEMPS... S'IL EN EST AINSI DE LEUR MINÉRAL, LES ISABELLE SONT EN GÉNÉRAL DOTÉES D'UNE MÉMOIRE REDOUTABLE... UNE MÉMOIRE D'ÉLÉPHANT.
MAIS...!?!
... C'EST ISABELLE !
!?
RAPPELLE-TOI, NOUS ÉTIONS AU CP SUR LE MÊME BANC !
C'EST MOI LUCIENNE !
!!!
AH BEN TIENS, JUSTEMENT ! SI TU ME RENDAIS MA GOMME, MAINTENANT !

Isabelle
sa Vitalité

Energique • Nerveuse • Attention au surmenage

DÉBORDANTES D'ÉNERGIE, LES ISABELLE SONT PARFOIS SUJETTES AU SURMENAGE. SACHANT QUE LEUR ENTOURAGE PARVIENDRA DIFFICILEMENT À LES EN PRÉSERVER, C'EST UNIQUEMENT SUR ELLES QU'ELLES DEVRONT COMPTER EN CONSULTANT RAPIDEMENT...
C'EST PUS FORT QUE MOI ...
... J'AI L'IMPRESSION DE TOURNER EN ROND !
HM... ÇA RESSEMBLE À DU SURMENAGE, TOUT ÇA !... CESSEZ DONC DE RUMINER TOUS VOS PROBLÈMES ET METTEZ-VOUS AU VERT AVANT DE REPRENDRE VOTRE ANALYSE !
Dr FRED PSYCHANALYSTE
AU VERT!?
... NE PAS RUMINER... NE PAS RUMINER... FACILE À DIRE !
?!
BROUTE
BROUTE
BROUTE
SI ÇA VOUS INTÉRESSE, JE CONNAIS UN BON PSY !
?
!
RUMINE
RUMINE
RUMINE

Isabelle sa Vitalité

Attention estomac fragile

DE PAR LEUR NERVOSITÉ NATURELLE ET DU PEU DE CAS QU'ELLES FONT D'UN HORAIRE RÉGULIER POUR LES REPAS, LES ISABELLE PEUVENT SE RETROUVER AVEC QUELQUES PETITS PROBLÈMES DIGESTIFS, EN PARTICULIER AU NIVEAU DE L'ESTOMAC...
AH ! VOYONS CETTE RADIO DE VOTRE ESTOMAC...
RADIOLOGIE
C'EST INCROYABLE ! ON DIRAIT DES... DES MORCEAUX DE CD !
?!?
?!?
AH, VOILÀ DONC OÙ ÉTAIT PASSÉ LE FAMEUX CD QUE JE DEVAIS FAIRE PASSER À MON BOSS...
MAIS ALORS ?... DANS LE LECTEUR...
!
MON DIEU ! MA PIZZA !!!

Isabelle son Activité

Exemplaire • Franche • Infatigable

LES ISABELLE ONT ÉNORMÉMENT DE RIGUEUR. DÈS LA PLUS TENDRE ENFANCE, ELLES ATTENDENT DE LEUR ENTOURAGE LES MÊMES QUALITÉS...
ELLES AIMENT L'EXEMPLARITÉ...
JE CROYAIS QUE PASSÉ DIX HEURES IL FALLAIT FAIRE MOINS DE BRUIT !... J'AI ÉCOLE DEMAIN, MOI !
ELLES AIMENT LA FRANCHISE...
SOYEZ TOUT À FAIT FRANCS AVEC MOI !... VOUS NE TROUVEZ PAS QUE J'AI UN PEU GROSSI CES DERNIERS TEMPS ?
?!
ELLES AIMENT QU'ON LEUR FASSE CONFIANCE...
AVEC JOJO, ON PENSAIT DESCENDRE EN STOP VERS LE SUD POUR LE WEEK-END ! MAIS T'INQUIÈTE PAS, C'EST JUSTE EN BONS COPAINS !
C'EST TOUT !
ELLES NE SE DÉCOURAGENT JAMAIS...
NON ! LAISSEZ-MOI... J'Y ARRIVERAI TOUTE SEULE !
PUZZLE 5000 PIÈCES

Isabelle son Activité

Diplomate • Arbitre • Justicière

LORS DE LEUR ACTIVITÉ PROFESSIONNELLE, LES ISABELLE SONT APPRÉCIÉES POUR SAVOIR RÉGLER LES CONFLITS. ELLES ONT L'ART ET LA MANIÈRE D'ARBITRER, SE RÉVÉLANT JUGES IMPARTIALES ET DIPLOMATES...
BING ! PAF !
TCHOC !
AÏE !
TIENS ÇA !
?
ALLONS MESSIEURS, UN PEU DE CALME ET DE DIGNITÉ... VOUS N'ALLEZ TOUT DE MÊME PAS VOUS BATTRE POUR...
?
SERVICE DES VENTES
MAIS DE QUOI JE ME MÊLE ?!
TU AS RAISON... ON SE DEMANDE !
SERVICE DES VENTES
AU MOINS, ILS NE SE BATTENT PLUS !
C'EST DÉJÀ ÇA !

Isabelle son Activité

Combative • Indocile • Entêtée

LES ISABELLE ONT TOUTES LES FACULTÉS POUR DEVENIR DES CHEFS, ELLES ONT UN GRAND SENS DU COMMANDEMENT. VOLONTAIRES, ELLES PEUVENT ÊTRE AUSSI DE TOUS LES COMBATS CONTRE L'INJUSTICE...
ISABELLE, ZÉRO SUR VINGT ! JE NE TE FÉLICITE PAS !
MAIS !?! C'EST PAS JUSTE !
?!?
VOUS POUVEZ SORTIR ! C'EST TERMINÉ POUR AUJOURD'HUI !
PAS JUSTE !
NE T'INQUIÈTE PAS... JE TE LE RENDS TOUT DE SUITE, TON COSTUME...
...DE ZORRO !

son Activité

Convaincue • Convaincante • Grand charisme

LES ISABELLE SAVENT CE QU'ELLES VEULENT ET NE MANQUENT PAS DE LE FAIRE SAVOIR.
DANS TOUS LES CAS, ELLES SAVENT ÊTRE PARTICULIÈREMENT CONVAINCANTES...
J'ESTIME MÉRITER UNE AUGMENTATION...
VOUS PLAISANTEZ. LA CONJONCTURE NE S'Y PRÊTE PAS. DÉJÀ LES 35 HEURES, LE DÉFICIT EXTÉRIEUR... LES CHARGES SOCIALES... LES BAISSES DE......................
UN PHÉNOMÈNE ! ELLE A ENCORE RÉUSSI À ME CONVAINCRE !

CETTE CONVICTION ET CETTE FORCE DE CARACTÈRE PEUVENT AMENER LES ISABELLE
À DES POSTES ÉLEVÉS. LEUR CÔTÉ « ROBIN DES BOIS » PEUT AUSSI LES CONDUIRE
AU SYNDICALISME...
LES URNES ONT PARLÉ ! C'EST DÉSORMAIS ISABELLE QUI SERA À LA TÊTE DE NOTRE SYNDICAT !
BRAVO !
C'EST TOI NOTRE PATRON, MAINTENANT !
BEN QUOI ?... QU'EST-CE QUE J'AI DIT ?...
IL Y A DES MOTS QU'ON NE PRONON-CE PAS DANS UN SYNDICAT !

Isabelle son Activité

S'adapte facilement • Douée de perspicacité

POUR PEU QU'ELLES SOIENT PASSIONNÉES PAR LEUR ACTIVITÉ PROFESSIONNELLE, LES ISABELLE ONT UNE GRANDE FACULTÉ À S'ADAPTER FACE À DES SITUATIONS NOUVELLES...
ALORS, ISABELLE, CE N'EST PAS TROP DUR DE CHANGER DE PROFESSION ? VOUS ALLEZ VOUS HABITUER EN TANT QU'INFIRMIÈRE, DANS CET ASILE ?
BIEN SÛR, MONSIEUR LE DIRECTEUR...
... VOUS SAVEZ, AVANT J'ÉTAIS PROF D'HISTOIRE, ALORS...
MOI NAPOLÉON...
ENCHANTÉ ! MOI HENRI IV !
BONJOUR JEANNE D'ARC !
SALUT LOUIS XVI, PETITE TÊTE !

TRÈS INTUITIVES, LES ISABELLE DÉCOUVRENT VITE LE SENS CACHÉ DES CHOSES. ELLES POSSÈDENT PRESQUE UN TROISIÈME ŒIL. ELLES SONT TRÈS PERSPICACES...
ARRÊTE TES BÊTISES, JEAN-MARIE !
COMMENT AS-TU DEVINÉ QUE C'ÉTAIT MOI ?
?!?

son Activité

Fière • Orgueilleuse • Déterminée

INSENSIBLES AUX DIFFICULTÉS ET AUX ÉCHECS, LES ISABELLE SONT DES BATTANTES. LEUR FIERTÉ EN JEU, ELLES SONT CAPABLES D'ADOPTER DES SOLUTIONS EXTRÊMES, VOIRE BIZARROÏDES...
ALLÔ... LA BANQUE...
NON!
ALLÔ L'URSSAF...
NON!
ALLÔ LE CRÉDIT...
NON!
JE VOUS L'AVAIS DIT, MADAME LA DIRECTRICE, LE BILAN EST TROP CATASTROPHIQUE ! IL FAUT METTRE LA CLÉ SOUS LA PORTE... PERSONNE NE PEUT VOUS AIDER...
VOUS NE ME CONNAISSEZ PAS !...
...UNE ISABELLE N'ABANDONNE JAMAIS !

Isabelle ses Amours

Idéaliste • Affectueuse • Exigeante

EN MATIÈRE AMOUREUSE, LES ISABELLE SONT EXIGEANTES. DÈS LEUR PLUS JEUNE ÂGE, ELLES ONT UNE IDÉE DE LEUR FUTUR PARTENAIRE, AUTANT MORALEMENT QUE PHYSIQUEMENT. CET IDÉAL NE DEVRA PAS LES DÉCEVOIR. EN RETOUR, IL SERA PROFONDÉMENT AIMÉ...
VOS EXIGENCES SONT SI HAUTES QUE NOUS AVONS DÛ ÉTABLIR UN NOUVEAU PROGRAMME DE RECHERCHE SPÉCIALEMENT POUR VOUS !
AGENCE MATRIMONIALE
NOUS AVONS RENTRÉ TOUS VOS SOUHAITS, VOS SUGGESTIONS...NOTRE SUPER ORDINATEUR VA NOUS SORTIR LA FICHE DU CONJOINT IDÉAL...
C'EST PARTI !
CLIC
VOILÀ !... ÇA SORT DE L'IMPRIMANTE...
BIIIIIP
BIIIP
!
OUAIS !... BEN... ON N'EST PAS SORTIS DE L'AUBERGE !

Isabelle *ses Amours*

Dominatrice • Autoritaire

DANS LEUR COUPLE, LES ISABELLE NE SONT PAS TOUJOURS FACILES À VIVRE AU QUOTIDIEN. DOMINATRICES ET AUTORITAIRES, ELLES N'EN SONT PAS MOINS TRÈS ATTACHANTES...
CHÉRIII, C'EST MOI !
J'AI UNE BONNE ET UNE MAUVAISE NOUVELLE...
AH ?
EH BIEN ! JE SUIS VIRÉE !... COMPRESSION DE PERSONNEL ! DÉSORMAIS, JE VAIS DEVOIR RESTER À LA MAISON...
ET C'EST QUOI, LA MAUVAISE ?...
!

Isabelle ses Amours

Curieuse • Précoce • Avide de savoir

SELON LEUR DEVISE, «VOIR, PERCEVOIR ET TOUT SAVOIR», LES ISABELLE ONT TOUJOURS UNE GRANDE SOIF DE CONNAISSANCES. LEUR ENTOURAGE N'A PAS INTÉRÊT À LEUR RACONTER TROP D'HISTOIRES, IL Y PERDRAIT TOUTE SA CRÉDIBILITÉ...
DIS, MAMAN, COMMENT ON FAIT LES BÉBÉS ?
!
EH BIEN ! MA PETITE ISABELLE, JUSTEMENT, J'AI ACHETÉ L'AUTRE JOUR CE PETIT LIVRE QUI EXPLIQUE TRÈS BIEN TOUT ÇA AUX ENFANTS...
SI TU VEUX, REGARDONS-LE ENSEMBLE !
JULES, J'AI UNE BONNE NOUVELLE ! AUCUN RISQUE DE CHOPER UN BÉBÉ...
... ON PEUT CONTINUER À SE FAIRE DES BISOUS !
TROP BIEN !

Sensorielle • Forte sensualité, mais sexualité du tout ou rien

INCONTESTABLEMENT, LES ISABELLE DÉGAGENT UNE GRANDE SENSUALITÉ. LORSQUE LEUR CONFIANCE EST OFFERTE, ELLES PEUVENT MÊME FAIRE MONTRE D'UNE SEXUALITÉ TRÈS ACTIVE. MAIS ATTENTION, RAPPELONS-LE, AVEC LES ISABELLE, C'EST TOUT OU RIEN...
CE SOIR J'AI PAS LA MIGRAINE !

Un esprit de famille très développé

L'AFFECTIVITÉ EST UN ROUAGE IMPORTANT DANS LA VIE DES ISABELLE. ELLES ONT UN GRAND SENS DE LA FAMILLE. LEURS PROCHES COMPTENT PAR-DESSUS TOUT ET ELLES SONT CAPABLES DES PLUS GRANDS SACRIFICES POUR LEUR BIEN-ÊTRE...
FESTIVAL DU LIVRE
À VOUS MADAME ! EUH... À QUEL NOM LA DÉDICACE ?
ISABELLE !
AH ! JE VAIS AUSSI EN PRENDRE UN POUR MES ENFANTS...
UN CHACUN ?
OUI...
ET AUSSI POUR MON MARI, BIEN SÛR...
ET MES PARENTS...

AH... J'ALLAIS OUBLIER TONTON GASTON... IL Y A AUSSI TANTE YVETTE... MES PETITS NEVEUX.. ILS SONT TROIS ÉGALEMENT...
DÉSOLÉ MESDAMES, MESSIEURS, LE STOCK EST ÉPUISÉ !
FESTIVAL DU LIVRE

Une amie sincère mais intransigeante

LES ISABELLE SONT TRÈS FIDÈLES ENVERS LEURS AMIS QU'ELLES CHOISISSENT D'AILLEURS AVEC SOIN. EN RETOUR, ELLES EXIGENT UNE CONFIANCE RÉCIPROQUE ABSOLUE. SI VOUS TENEZ À RESTER DANS LE CERCLE, ATTENTION AUX FAUX-PAS !
COMMENT TU TROUVES ? UN PEU COMMUN ?
NON ! SUPER !
SOLDES
CA ME GROSSIT UN PEU, NON ?
PAS DU TOUT, JE TE JURE, ISA !
SOLD
ELLE TE VA COMME UN GANT !
BON !
SANS TOI, JE CROIS QUE JE NE L'AURAIS PAS ACHETÉE !
SORTIE
SHOP
T'ES PLUS, MON AMIE !
!!!
SHOP
50%
SOLDES
SOLDES
SHOP
CERTES, LES ISABELLE SONT PARFOIS INTRANSIGEANTES EN AMITIÉ, EXIGEANTES EN AMOUR, MAIS LORSQU'ON A LA CHANCE DE GAGNER LEUR CONFIANCE, ALORS ELLES SONT DÉLICIEUSES À CÔTOYER !... ET C'EST POUR ÇA QU'ON LES AIME !

Isabelle *sa fête*

Faites comme son animal Totem, le termite, n'oubliez pas de fêter les Isabelle le **22 Février** !

22 FÉVRIER
BONNE FÊTE ¡SABELLE!

Isabelle *ses homonymes célèbres*

- **Isabelle Adjani**
  Comédienne
- **Isabelle Kayser**
  Poétesse
- **Isabelle Carré**
  Comédienne
- **Isabelle Boulay**
  Chanteuse
- **Isabelle Huppert**
  Comédienne
- **Isabelle 1ère la Catholique**
  Reine de Castille (1474-1504)
- **Isabelle Autissier**
  Navigatrice
- **Isabelle Nanty**
  Comédienne, réalisatrice

INIQUEALAINEMMANUELSANTIAGODANIELJULESNIELSPHILOMENES

ISFABIENHERBETCHRISTIANNEGABINGUÉNOLÉALEXISJÉROMEARNAU

LAUMECÉLINEARABELLEGWENAELCLOTAIREODETTEJOSEPHFRANÇO

IEPIERREISABELLEOLIVIERPHILIPPEAUDESYLVIEARSÈNEKÉVINJUDIT

ATHIEUTHÈCLEBERNARDADELINEGILLESINGRIDINÈSPÉLAGIEROSAL

THERINEPAULPRUDENCESERGEBERTILLEDAVIDROGERMÉDARDBÉRA

MIRNESTORADELPHEMONIQUEHERMANNTHIBAUTMARIETTALÉGERA

NEFULBERTMAXIMEZITAROBERTMARTIALLANDRYRODRIGUEMARTH

ELAIMÉGUYCHRISTINEBENOÎTBÉNÉDICTECLAIREBENJAMINQUENTI

STANTANDRÉDELPHINEDONALDAMANDINEROSECARLOSMARINAGE

RESEWILFRIEDARMELHIPPOLYTETANGUYLAURAGASTONLAZAREDIDI

QUERÉMICOLETTEVALENTINEROMÉOVIVIENEMMAMARGAUXSTANISLA

EUDESBORISAMOURGHISLAINPHILEMONSIDOINERAYMONDRENAU

EBAUDOUINODILONPAULINEGATIENLÉOANSELEMEELIOTTPETERLUC

IEDCARINEJOSEPHODILEJIMMYPASCALBRICEFRANCKJEANMICHELL

AURICEÉRICSYLVAINANNEFERNANDBERTRANDJOELROMAINDOMINI

LYSSEHENRIPAULETTECHARLOTTEJULIENARNAUDDAMIENFRANCISFA

RINESAMATHACHLOÉTHÉONATHALIECHARLESHUGUESLOUISMARIEG

OISTHOMASNICOLASMURIELANNEARNAUDPARFAITCOLETTETHIERRY

ITHBLANDINEALEXANDRAMARINACYRILLEFÉLIXLUCIENHÉLÈNEREIN

ALIERAOULFLORALILIMARCELNINAGILDASROLANDENINONRICHARD

BÉRANGERAUGUSTINRÉGISHIPPOLYTEGERMAINEJUSTINGRÉGOIREI

ÉGERADRIENDENISFLEURBRUNOJUSTEFIRMINEDOUARDMÉLAINEAC

ARTHESABINENATACHAAMBROISEALICEROMARICURBAINBARBARA

NTINSATURNINSÉVERINEBIENVENUEGABRIELSIMONNARCISSEDIMIT

GERMAINEHERVÉACHILLEESTELLEBARNABÉGUSTAVECLARISSEEDITH

IDIERAYMARDVICTORJULIETTEBAPTISTEIGNACEVINCENTGEORGESJA

ISLASPACÔMEVICTORIENSILVÈREARMANDXAVIERMARCELLEISABELL

AUDALBERTMICKAELJACQUELINEETIENNEELLAYVESRENÉANICETEDM

UCIEVANESSASTÉPHANETRISTANJEANNECRÉPINHECTORTHÉOPHILEI

LLAURENTGÉRANRDSOPHIEEUGÈNECHRITIANNORBERTPATRICIACAR

LAINEMMANUELSANTIAGODANIELJULESNIELSPHILOMÈNESUZANNEA

HERBETCHRISTIANNEGABINGUÉNOLÉALEXISJÉROMEARNAUDSANDR

ELINEARABELLEGWENAELCLOTAIREODETTEJOSEPHFRANÇOISTHOMA

EISABELLEOLIVIERPHILIPPEAUDESYLVIEARSÈNEKÉVINJUDITHBLAND

HÈCLEBERNARDADELINEGILLESINGRIDINÈSPÉLAGIEROSALIERAOUL

AULPRUDENCESERGEBERTILLEDAVIDROGERMÉDARDBÉRANGERAUG

ORADELPHEMONIQUEHERMANNTHIBAUTMARIETTALÉGERADRIENDE

TMAXIMEZITAROBERTMARTIALLANDRYRODRIGUEMARTHESABINENA

YCHRISTINEBENOÎTBÉNÉDICTECLAIREBENJAMINQUENTINSATURNIN